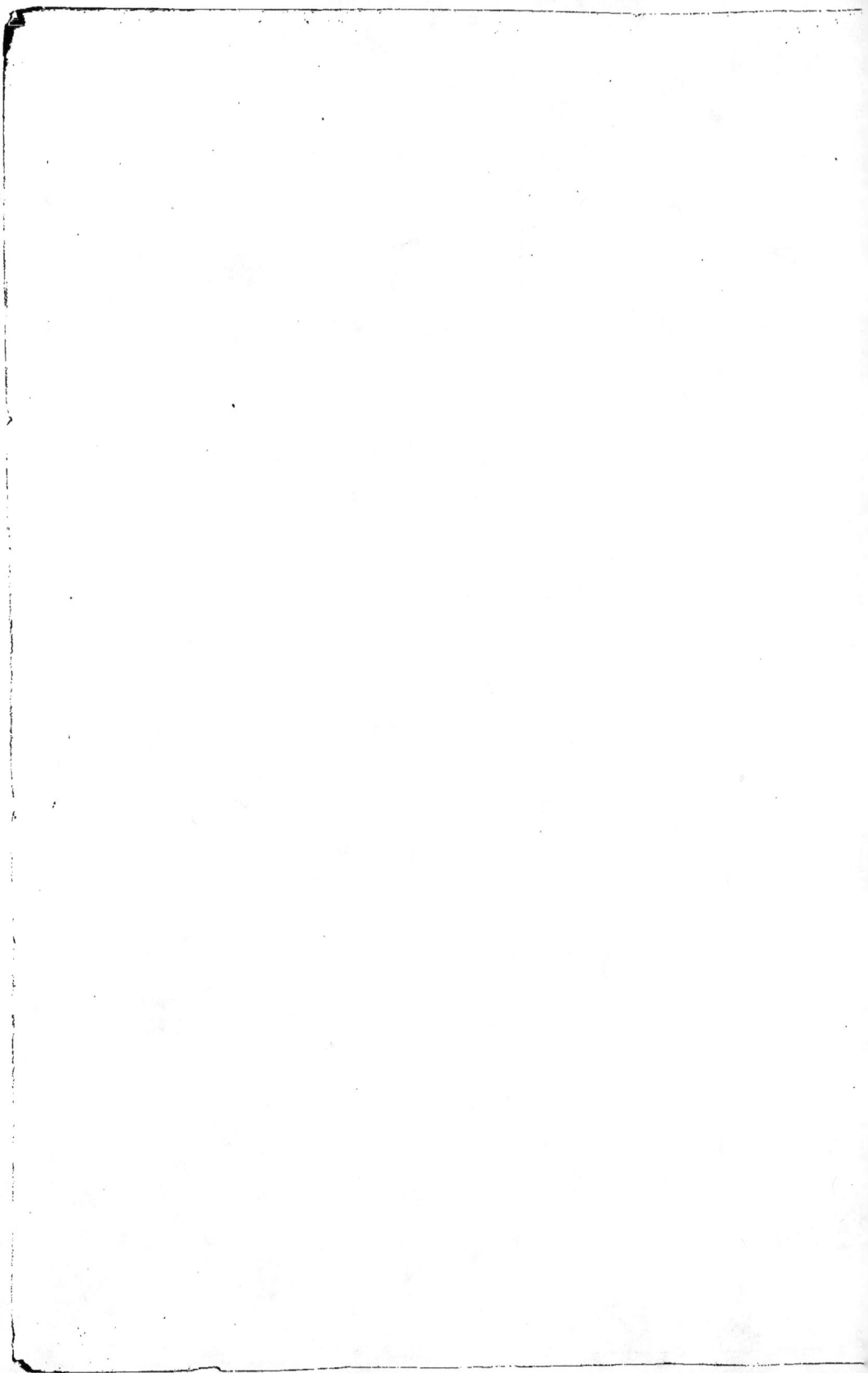

Épisode de la Campagne d'Italie

(1813-1814)

M. de Bissy, officier piémontais

(1799)

par

Dr Henri VOISIN

Extrait du *Bulletin de la Société archéologique, historique et artistique*
LE VIEUX PAPIER

LILLE
IMPRIMERIE LEFÉBVRE-DUCROCQ
—
1913

Épisodes de la Campagne d'Italie

1813-1814.

PRÈS la bataille de Lützen, Napoléon jugeant la présence de son beau-fils, Eugène-Napoléon, plus utile en Italie qu'à la Grande-Armée, le renvoie dans sa vice-royauté avec mission d'y organiser la résistance, de défendre les riches plaines de la Lombardie et d'empêcher les Autrichiens, dont il suspectait les intentions, de s'installer dans la région située entre la Piave et la Trebbia. Il pensait que les armées italiennes pourraient au besoin exercer une pression efficace sur les forces autrichiennes et les empêcher de porter tous leurs efforts vers le nord.

Les lettres que nous reproduisons ici sont, pour la plupart, des rapports adressés au général Grenier, attaché au prince Eugène pendant toute la campagne de Russie et qui le suivit en Italie. Nous n'avons pas l'intention de faire une histoire de cette campagne d'Italie de 1813-1814 ; nous apportons simplement la contribution des documents de notre collection à cette époque si critique de l'épopée napoléonienne.

Ces documents montrent que l'attention du vice-roi fut d'abord dirigée vers le Tyrol et la Carnie, tant qu'il pensait pouvoir compter sur l'aide ou la neutralité du roi Murat, dont les troupes stationnaient à Bologne et à Modène. Plus tard, les Napolitains firent défection et s'unirent aux Autrichiens qui, longeant l'Adriatique, tournèrent ainsi les places fortes de Legnago, de Mantoue, pour venir menacer Plaisance.

Le vice-roi, après la bataille du Mincio, fut obligé de faire face au sud et fit rétrograder les ennemis au delà de Modène.

Malheureusement, les événements de France se précipitèrent et il fallut abandonner le nord de l'Italie, et une dernière lettre, datée de Montara, dans le Piémont, à l'entrecroisement des routes de Milan, Turin, Pavie et Alexandrie, nous fait assister au passage des dernières troupes françaises.

Mon Général,

Le vice-roi vient de m'apprendre que nous aurons le plaisir de vous posséder plus tôt que nous ne l'espérions ayant renoncé au voyage de quelques jours que vous aviez projeté de faire à Sarrelibre ; Son Altesse Impériale me dit aussi, et elle ne l'a pas appris avec moins de peine que moi, que par suite de votre blessure vous avez dû supporter une opération douloureuse à la partie inférieure de la mâchoire ; un peu de repos à Vérone et le bon traitement que vous serez à portée d'y suivre accélèreront j'espère votre totale guérison. J'ai donné tous les ordres nécessaires pour que le logement que vous avez déjà occupé à Vérone soit augmenté et les dispositions sont prises en conséquence par l'autorité du pays ; vous aurez aussi des écuries pour placer dix-huit chevaux, etc. ; j'ai fait traiter cet article d'augmentation auprès du préfet du département de l'Adige par M. le sous-inspecteur aux revues Jullien, qui m'a donné l'assurance qu'à l'exception de l'agrandissement de la cour par le jardin qui se trouve à côté, déjà loué à un jardinier, vous trouverez à votre arrivée à Vérone le logement et les écuries tels qu'ils vous sont nécessaires.

— Suivant toute apparence, j'aurai l'avantage d'accompagner ou tout au moins de suivre de près Son Altesse Impériale dans la tournée qu'elle se propose de faire à Vérone, Vicence, Padoue, Venise, etc., pour voir les troupes destinées à composer le corps d'armée dont le commandement vous est confié, et je ne vous dirai pas, mon général, tout le plaisir que j'aurais de vous embrasser à Vérone, vous devez en être convaincu, où d'après ce que m'a fait l'honneur de me dire Son Altesse Impériale, je dois croire que vous devez arriver sous quatre ou cinq jours.

— Je vous prie de recevoir, mon général, l'expression de ma haute considération et l'assurance réitérée de mes sentiments d'attachement et de dévouement inaltérable.

Le général de division, chef de l'état-major général, cte de l'Empire,
Milan, le 11 juin 1813. VIGNOLLE.

A M. le général de division comte Grenier.

Mon Général,

J'ai l'honneur de vous rendre compte que onze conscrits du 106ème régiment d'infanterie, par suite d'un complot, ont déserté et ont manqué à l'appel depuis le 2 au soir de ce mois ; pour plus de renseignements, je joins à la présente copie du rapport que je reçois à l'instant de M. le colonel du régiment, vous priant, mon général, de vouloir bien donner les ordres que vous croirez nécessaires pour accélérer la recherche et arrestation de ces déserteurs, dont il vous paraîtra sans doute utile de faire un exemple.

J'ai l'honneur d'être très respectueusement,
Mon général,
Votre très humble et très obéissant serviteur.

Le général de division,
Udine, le 4 août 1813. Bon DE MARCOGNET.

M. le général de division comte Grenier, commandant en chef la 1re lieutenance.

Etat-Major Général.

Rapport du 4 au 5 Août 1813.

Mis à l'ordre de l'armée M. l'adjt comt Bazin de Fontenelle pour remplir les fonctions de chef de l'état-major de la lieutce. On a également fait connaître l'arrivée du s. inspt aux revues, de même que celle du cape adjt M... (?) chargé des fonctions de chef d'état-major de la 4e divon.

Écrit à Villach au chef de don Bombardière du 67e régt.

L'adjt comt chef d'état-major de la 1re lieutce,
BAZIN DE FONTENELLE.

Milan, le 5 août 1813.

Mon Général,

J'ai l'honneur de vous informer que d'après les ordres qu'a reçu de l'Empereur S. A. I. le prince vice-roi, toutes les troupes composant le corps d'observation d'Italie doivent occuper du 10 au 12 de ce mois les cantonnements désignés ci-après, et Son Altesse Impériale désire que vous donniez tous les ordres en conséquence pour ce qui concerne le mouvement des divisions d'infanterie, artillerie et escadrons de chasseurs sous vos ordres. Le prince vice-roi compte lui-même être rendu à Udine le 10 du mois courant et y établir son quartier-général, l'empereur l'ayant ainsi ordonné.

La 4ème division occupera Cormons, Gorizia, Gradisca et environs ; quartier-général à Gorizia.

La 2ème division, Udine, Cividale et Trecessimo. Quartier-général à Cividale.

Les batteries d'artillerie suivront le mouvement de leurs divisions respectives.

L'intention de S. A. I. le prince vice-roi est que les deux divisions sous vos ordres fassent leur mouvement de manière à arriver dans leur position le 10 au 12 courant.

Escadron du 19e chasseurs à votre quartier-général.

Ensuite des ordres expédiés aux troupes des autres divisions du corps d'armée.

Celles de la première division de la 2e lieutenance arriveront à Valsavonne, Pordenone, San Vito et Cordenous les 10, 11 et 12 du courant.

Et celles de la 3e division de la même lieutenance arriveront à Osopo, St-Daniele, Gemona et Spilimbergo les 11 et 12 du mois courant.

L'artillerie suivra le mouvement des divisions respectives.

La 5ème division (2ème lieutenance) arrivera à Palmanova, Cervignano et Monfalcone aux mêmes époques.

La garde royale arrivera à Codroipo le 13.

Les 6 escadrons de chasseurs italiens à Latisanna le 9.

Les Dragons de la Reine à Portogruaro le 11.

Les deux batteries d'artillerie attachées à la cavalerie à Portogruaro et Latisanna. Le quartier-général de cette division à Latisanna.

Le quartier-général de la 3ème division à San-Daniele.

Celui de la 1ère division à Valvasone.

Quartier-général de la 1e lieutenance à Gorizia.

Tous ces mouvements s'effectueront du 10 au 12 du courant, et comme le quartier-général de l'armée sera porté à Udine le 10 de ce mois, tout ce qui se trouve à Vérone attaché au quartier-général a reçu l'ordre de s'y rendre, principalement M. l'ordonnateur en chef Regnault ; afin de faire assurer les subsistances dans les nouveaux cantonnements, je lui ai écrit à cet effet en lui faisant connaître les mouvements des troupes qui vont avoir lieu et pour qu'on soit prévenu partout où il est nécessaire.

Veuillez recevoir, mon général, l'expression réitérée de ma haute considération et de mon entier dévouement.

Le général de division chef de l'état-major gal, cte de l'Empire,

Vignolle.

P.-S. — Le prince vice-roi a mis à ma disposition deux mille francs pour le général Dupey comme gratification, Son Altesse ayant l'assurance qu'il recevra de Paris les ordonnances spéciales au moyen desquelles il percevra son traitement pour frais de bureau de l'état-major qui ne peuvent lui être refusés.

A M. le général de division comte Grenier, commandant la 1ère lieutenance du corps d'observation d'Italie, à la quartier gal à Udine.

6ᵉ Div°ⁿ Militᵣₑ
d'Italie.

Udine, le 6 Août 1813.

Passariano.

Correspondance
d'Udine à Villach.

Monsieur le Chef d'État-Major,

En réponse à votre lettre de ce jour, j'ai l'honneur de vous prévenir qu'il existe déjà sur la route de Villach une ligne de correspondance que j'ai établie jusqu'à Tarvis, aux confins de ce département, et voici l'itinéraire des postes de correspondance, partant d'Udine à

Felletto,
Paya (ou Buja ?),
Osopo,
Pontebba
et Tarvis.

Le service devant devenir plus actif et plus prompt, il sᵉra nécessaire d'y faire concourir les troupes qui sont à Veuzone et à Villach : Je vous prie de donner des ordres à ce sujet, parce que j'ai fort peu d'hommes disponibles pour augmenter les posᵗes et je ne puis outrepasser les limites de mon commandement.

Je recommande au commandant d'armes de Tarvis de s'entendre avec celui de Villach pour assurer la correspondance entre ces deux points et s'il est nécessaire je ferai établir aussi un poste intermédiaire de Pontebba à Tarvis, en ordonnant les mesures convenables pour assurer la régularité de ce service sur toute la ligne.

Recevez, Monsieur le chef d'état-major, le témoignage de ma très parfaite considération.

Le gᵃˡ de brigade, commandᵗ le dépᵗ du Passariano,
SCHMIT.

A M. le chevalier Bazin de Fontanelle, chef d'état-major de la 1ᵉ lieutᶜᵉ du corps d'armée de l'Italie, à Udine.

État-Major   *Rapport du 7 au 8 août 1813.*

L'ordre de mouvement a été envoyé à 5 heures du matin :

à MM. les généraux de division.
à M. le général commandant le dépᵗ. Bᵒⁿ Schilt.
à M. le c. Alberty.
à M. le comᵗ l'artᶻⁱᵉ ⎫
à M. le cap. du génie ⎬ pour ce qui les concerne.
à M. l'inspʳ aux revues ⎭

Le 19ᵉ chasseur à cheval a reçu ordre de partir pour Goricia.
On s'est entendu avec MM. Legenes et Schilt pour les pierres à feu du fort d'Osopo.

L'adj. com. chef d'état-major,
DE FONTENELLE.

N. — Le capᵉ d'Almeyda a reçu les instructions pour se rendre à Gorizia pour établir le qʳ gˡ de S. Ex.

Monsieur le général comte Grenier, Villach a dû être évacué hier par nos troupes, parce que l'ennemi était déjà d'un côté à Paternion et de l'autre à S' Jacob. Des partisans sont déjà dans la vallée du Gail. Le sous-préfet de Tolmetz me prévient qu'une colonne d'infie, artillerie et cavie avait déjà dépassé Sachsenbourg, se portant sur Lienz. Nul doute qu'il cherchera à inquiéter la haute vallée du Tagliamento et de la Piave. Il serait prudent d'avoir un baton pour garder votre réserve d'artillerie et Cividale, et pour accompagner cette réserve dans sa marche. Je désire donc que vous laissiez ici un baton de la don Marcognet, demain ce baton se rendrait à Cividale, où il pourrait séjourner un jour et se rendre de là avec toute votre réserve d'artillerie sur Osopo. La route serait meilleure par le Pontibo pour nous rejoindre. Je ferai porter demain la divon Gratien en avant. Il est très important, pour empêcher les progrès de l'ennemi, que par un mouvement offensif, nous arrêtions sa marche. Sur ce, je prie Dieu, Monsieur le génal Grenier, qu'il vous ait en sa sainte garde.

Caporetto, le 24 août 1813, à 4 h. du matin.

EUGÈNE NAPOLÉON.

P.-S. — Donnez des ordres, mon cher général, à ce bataillon pour qu'il nous garde notre réserve d'artillerie afin de ne pas la laisser enlever par quelques partis.

J'écris ceci sous la dictée de Son Altesse Impériale.

VIGNOLLE.

A Monsieur le général comte Grenier, com' la 1re lieutenance à son passage à Caporetto.

[signature manuscrite]

Mon cher Colonel,

J'ai poussé ce matin une reconnaissance par le chemin de Aagenfurt jusque à Soezacle, qui est un village à une lieue d'ici. J'ai faict placer le bataillon par le bord d'un ravin qui nous couvre et un escadron par une plaine derrière l'infanterie. J'ai passé le ravin avec la compie des voltigeurs et un peloton de dragons. Ayant trouvé de l'autre côté un grand plateau, j'ai faict avancer une autre compie d'infanterie et une division de cavalerie que j'ai placées là, et je suis entré dans la route qui traverse toujours le bois. A un bon quart de lieue, nous avons trouvé un poste ennemi que nous avons chassé au de là d'un autre ravin. Là j'ai faict arrêter la compie des voltigeurs et le peloton de cavalerie, et me suis avancé, avec une vingtaine de voltigeurs et quelques cavaliers. Le poste ennemi a voulu tenir derrière des autres petits ravins et broussailles, mais il a été toujours forcé. Les éclaireurs qui étaient par la droite ont été jusque au village, et ont vu une soixantaine de hulans qui étaient montés à cheval, il y avait aussi quelque infanterie derrière le village. Il y a eu un voltigeur légèrement blessé. Nous nous sommes retirés après sans être poursuivis. J'ai jetté une compie sur un village à notre gauche qui est tout près de nous et sur le bord de la Drava. Tout le monde est au bivouac.

Adieu, mon cher colonel, portez-vous bien.

Maria-Elend, ce 29 août 1813.

Le colonel des dragons de la Reine,
Illisible.

Klainberg, le 31 août 1813, à 10 heures du matin.

Mon Général,

L'ennemi a travaillé toute la nuit pour réparer le mal que notre artillerie avait faict hier, et pour faire les embrasures à la batterie qui est en face du pont ; je ne crois pas qu'il ait faict autre chose de ce côté.

Nous avons travaillé à la batterie qui doit être placée à la droite de Rosek, mais elle ne pourra se terminer que la nuit prochaine.

Ce matin l'ennemi se montre peu et parrait avoir moins de monde qu'hier : cette nuit on n'a presque point vû de feu de Bivouac, ce qui me faict supposer un mouvement de troupes.

Agréez, mon général, l'assurance de tout mon attachement.

Le gl de brigade,
Illisible.

2 sept. 1813.

Monsieur le lieutenant général comte Grenier, je reçois votre rapport de ce matin. Je vous renvoie celui qui y était joint. Il est bien important de savoir à quoi s'en tenir sur le mouvement de l'ennemi à *Crainbourg*. Il faut que la division du génal Marcognet soit bien réunie ; car, aussitôt que l'ennemi aurait occupé *Assling*, je ferais passer la garde à Wurzen, et nous marcherions dans la vallée de la Save. Il n'est pas possible que le gal Pino, sachant nos communications coupées par *Crainbourg*, ne me donne pas de ses nouvelles. Ne penseriez-vous, qu'afin de rester plus tranquille sur la Drave, on ne ferait pas bien de brûler entièrement le pont de Rosseck ? Sur ce, je prie Dieu, Monsieur le lieutenant général comte Grenier, qu'il vous ait en sa sainte garde. Villach, le 2 7bre 1813, au matin ./.

EUGÈNE N.

Mon Général,

Le colonel Duché en l'absence de M. le gl Piat me marque que l'ennemi vient de construire un pont à la gauche de l'ancien, lequel lui paroit déjà très avancé, qu'il y travaille avec force, qu'il vient de faire prendre les armes. Je me rends à Festris et vous rendrai compte de ce qui se passe.

Le gl de don, bon
GRATIEN.

Ce 3 7bre 1813, 5 h. 1/2.

Au gl Grenier. — Très pressé.

Vilach, 4 7ᵇʳᵉ, 9 h. du soir 1813.

Mon Général,

Il est neuf heures et votre lettre me parvient en accompagnant une pour le général Gittelingue, laquelle part de suite pour le destinataire.

J'étais étonné que le général Rouger n'eut pas exécuté vos ordres, les miens étaient précis à cet égard, votre postcriptum le disant arrivé, je suis tranquille.

Je crois que le général Gittelingue se trompe s'il pense qu'il n'y a que 4.000 ennemis devant notre ligne; je crois avoir bien vu, celui qui est sur le front de Willais seulement, et je le pense pouvoir porter à 5.000 fantassins, 500 chevaux et une nombreuse artillerie. Malgré cela, il est toujours prononcé sur la deffensive, il remue beaucoup de terre devant nous, mais ce n'est que pour se disposer à recevoir un combat et à nous le rendre si nous passons sur ce point. Je vous remercie de m'avoir laissé deux bataillons à Funkenstein, cette réserve m'est nécessaire, vous en jugerez de même sans doute en considérant la longue étendue du terrain que j'occupe depuis Paternion jusqu'à Sᵗ Michel. Adieu. mon cher général, soyez heureux, c'est le plus ardent de mes vœux et recevez la nouvelle assurance de l'amitié sincère autant que respectueuse avec laquelle je vous salue.

Le gᵃˡ de dᵒⁿ, comte VERDIER.

Nous avons été tranquile toute la nuit dernière, nous l'avons été toute la journée et tout annonce que nous le serons encore cette nuit.

Au gᵃˡ comte Grenier, à Sᵗ Jacob.

Monsieur le lieutenant général comte Grenier, je vous envoie un officier d'état-major qui me rapportera ce soir ou cette nuit de vos nouvelles. Les rapports d'hier, du gᵃˡ Marcognet, sont fort tranquillisants. Rien ne s'étant montré à ses avant-postes, quoiqu'on eût envoyé des reconnaissances dans tous les sens. Les nouvelles du pays étaient que nous occupions toujours Laybach. Si j'en dois croire les rapports de l'Illyrie, qui coïncident assez avec la déposition de trois déserteurs, arrivés au camp du gᵃˡ Marcognet, la troupe qui aurait attaqué Crainbourg n'était point, comme on le disait, commandé par le gᵃˡ Chasteler, mais consistait seulement en 4 cⁱᵉˢ d'infanterie, dont une de Rewski, une de Chasteler et 2 de chasseurs, ainsi que 60 ou 80 hulans. Il paraît que le gᵃˡ Belotti a agi avec beaucoup de pusillanimité. Je lui revaudrai cela dans l'occasion. Je monte à cheval à l'instant pour me rendre à Assling. La 4 dᵒⁿ sera échelonnée depuis trois jusqu'à une lieue en amont de cette ville. Je pars de bonne heure exprès pour voir le gᵃˡ Marcognet.

D'après les renseignements que j'ai pris ici, il y a une petite route qui d'Assling passe par Plonino et descend sur Maria-Elend. Je m'en servirai ce soir pour vous donner des nouvelles par un exprès. Il n'y a que 5 hʳᵉˢ de route pour un bon piéton.

Je vous envoie ci-joint une lettre que j'ai reçue du gᵃˡ Verdier. En feignant de l'ignorer, rassurez-le un peu, car, à peine suis-je parti, et on parle déjà du pont de Federaun. Sur ce, je prie Dieu, Monsieur le lieutenant général comte Grenier, qu'il vous ait en sa sainte garde.

A Wurzen, le 4 7ᵇʳᵉ 1813, à 5 hʳᵉˢ du matin.

EUGÈNE NAPOLÉON.

Villach, le 6 7bre 1813, à 3 hres ap. midi.

Mon général,

L'ennemi continue à se retrancher sur tout le front de notre ligne, particulièrement devant Villach.

Quelque nouvelle importante ou donnée comme telle est arrivée dans son camp ; hier soir à la retraite, et ce matin à la diane les musiques, les tambours et des cris de vivat se sont longtemps fait entendre. Les ayant joints aujourd'hui, vous aurez sans doute fait changer la nature de ses cris joyeux.

Le général de don,

VERDIER.

Unterleobel, le 9 7bre 1813.

Monseigneur,

La lettre que le gal Vignolles m'a écrite de Neumœrkt m'a déterminé à venir coucher à Unterleobel, je serai demain à Neumarkt de bonne heure et deux bataillons de la division Quesnel y seront à midi, le restant de la brie d'artillerie et les équipages n'y arriveront qu'après demain. Daignez, Monseigneur, agréer l'hommage de mon profond et respectueux dévouement.

Le lieutenant gal,

cte GRENIER.

A S. A. I. le Prince, vice-roi d'Italie, commandant en chef l'armée à Crainbourg.

Neumark, le 17 7bre à 3 et 1/2 matin.

Mon général,

Je reçois à l'instant votre lettre d'hier, je vais donner des ordres pour que le 1er leger aille s'établir à Naklas.

J'ai fait hier la reconnaissance des chemins qui arrivent à Neumark, il y en a trop pour que je vous parle de tous, mais il est important que je vous entretienne sur trois routes par où l'ennemi pourrait arriver : Neumark est situé au confluent de deux torrents dont l'un va au Leobel et l'autre plus à droite dans la direction du mont Javornig ; c'est en suivant ce dernier que l'on trouve deux chemins qui conduisent à Windich-Cappel ; mais la route la plus importante est celle qui arrive à Pristava et à Creutz et qui vient de Kanker, Soswald et passe par Höflein, Gorich, et cette route est praticable pour les voitures et vient aboutir sur la grande route de Naklas à Neumark environ à une demie lieue de ce dernier endroit. Je crois important de faire observer cette route par trois compagnies ; alors il ne resterait que trois compagnies dans Neumark, si l'ennemi se présentait nous ne serions pas les plus forts.

S'il n'y a pas d'indiscrétion, mon général, faites-moi donc connaître pourquoi vous avez fait une course hier.

Agréez, etc.

Le gl bon CAMPY.

A Monsieur le gl baron Quesnel, cl la 1re division à Krainburg.

Au quartier général, à Windisch-Feistritz,
ce 22 7ᵇʳᵉ 1813, à 10 heures du matin.

Mon Général,

Ce matin, vers les 5 heures et demie, j'ai ordonné deux reconnaissances sur les routes haute et basse qui conduisent à Sᵗ Stéphano.

Celle sur la haute, ou grande route, était composée d'une section de la compagnie du 3ᵉ bᵒⁿ du 35ᵉ de ligne et d'une compagnie de fusiliers du 6ᵉ bᵒⁿ du 42ᵉ de ligne, formant réserve, plus d'un officier et 9 chasseurs à cheval du 4ᵉ italien. Le tout sous les ordres de M. le chef de bᵒⁿ Nippels du 42ᵉ ; j'y avais aussi envoyé mon 1ᵉʳ aide de camp Fleury de Villiers.

Arrivé aux grandes gardes, ce dernier fut instruit et me fit dire qu'une vingtaine de cavaliers ennemis étaient postés à la chapelle en avant du petit hameau à quelques pas et en vue de nos avant-postes : il me fit demander s'il devait ou non attaquer.

J'ordonnai de chasser l'ennemi du village et ensuite de s'arrêter ; ce mouvement a été exécuté aux cris de vive l'Empereur et l'ennemi s'est retiré, sans doute avec quelques blessés, car le feu de la section de voltigeurs a été très vif et très rapproché ; deux de ces voltigeurs ont été blessés aux jambes, dont un assez grièvement.

Mon aide de camp m'ayant rendu compte qu'après cette reconnaissance M. le chef de bᵒⁿ Nippels, du 42ᵉ, avec la troupe sous ses ordres, avait pris position en avant du hameau emporté en attendant mes ordres, mais que ce poste était trop ouvert aux attaques de cavalerie, surtout pendant la pluie qui tombait abondamment et qui pouvait empêcher les fusils de partir, je fis dire à ce chef de bᵒⁿ de faire rentrer les troupes, de laisser les grandes gardes à leur première position et de placer, en réserve derrière, la compagnie qui lui en avait servi pendant la reconnaissance.

La reconnaissance sur la route basse, sous les ordres de M. le chef de bᵒⁿ du 4ᵉ du 35ᵉ de ligne, était composée de l'autre section de la compⁱᵉ de voltigeurs du 35ᵉ dont j'ai parlé plus haut, d'une compagnie de fusiliers du 42ᵉ de ligne placée sur cette route et de 7 hommes à cheval du 4ᵉ chasseur italien ; à trois quarts de lieue du village, qui est en avant du pont, cette reconnaissance a rencontré l'ennemi qui a tiré un coup de fusil ; le chef de bataillon s'est alors retiré en ordre, ainsi que je le lui avais prescrit ; l'ennemi n'a fait aucun mouvement sur ce point.

J'avais oublié de vous dire que dans l'attaque sur la grande route l'officier commandant les hussards a été blessé à mort d'une balle à la tête ; je l'ai fait transporter à l'ambulance, mais il ne vivra pas longtemps ; c'est un superbe homme. Le seul papier qu'on ait trouvé sur lui est ci-joint.

Tout est tranquille en ce moment.

J'ai l'honneur, mon général, d'être...

Le général de brigade,
SCHMIT.

———————

Monsieur le lieutenant général comte Grenier,

Toutes les nouvelles que je reçois du département de la Piave annoncent que l'ennemi avait déjà fait voir des partis dans les montagnes de Cadore ; et on disait que l'ennemi avait plusieurs compagnies de chasseurs à Mantou, avec l'intention de pénétrer par les petits chemins sur Pontiba et Tolmezzo. Quoique j'aye fait soigneusement couper toutes les petites routes, cependant il ne serait point impossible que quelque petit parti pût pénétrer. J'envoie dans la haute Piave un détachement de 150 hommes qui, réunis aux gendarmes de ce département, pourront, j'espère, préserver le pays des petites incursions. Il est bien important que de votre côté, et suivant la manière dont vous vous trouverez assis dans votre position de Reckusdorff (?), vous puissiez tellement menacer l'ennemi dans la vallée du Gail, que vous fassiez rentrer ses partis ; ce qui inquiétera en même temps le flanc des troupes qui pourraient vouloir pénétrer en Tyrol. Je ne puis pas encore comprendre comment l'ennemi pourrait, en pénétrant par exemple jusqu'à Brixen, tenir une ligne aussi étendue que celle de Brixen à Fiume par Cagenforte. J'espère aujourd'hui recevoir de vos nouvelles. Sur ce, je prie Dieu, Monsieur le général Grenier, qu'il vous ait en sa sainte garde.

Loybach, le 23 7bre 1813.

EUGÈNE NAPOLÉON.

A Windisch-Pestritz, le 25 7bre 1813.

Mon Général,

J'ai l'honneur de vous rendre compte que la journée s'est passée en échangeant quelques coups de fusil, un caporal du 35e léger a été blessé à la cuisse en allant relever son factionnaire.

Je donne ordre à Monsieur Nippels, commandt le 6e bataillon du 42e régiment établi à Draschitz, de placer une compagnie à l'embranchement des routes d'Arnoldstein, sur Festritz et Travin, tel que vous me le prescrivez par votre lettre de ce jour ; par ce moyen, le bataillon du 42e aura trois compagnies à Drachitz, deux à Hochenturn et une en arrière du pont.

J'ai l'honneur, mon général, etc.

Le général de brigade,
SCHMIT.

Vurtzen, le 27 7bre 1813, à 4 heures après midi.

Mon Général,

La découverte de ce matin s'est rencontrée avec l'ennemi dans Asling, elle est entrée dans cet endroit et a fait sept prisonniers que je fais conduire à votre quartier général.

J'ai questionné ces prisonniers, qui m'ont dit qu'à une demie lieue d'Asling il y avait trois bataillons avec six pièces de canon et quatre escadrons de hussards ; je ne sais pas quel degré de croyance on peut accorder à ce que disent ces gens là.

Le poste de quatre dragons et un brigadier que j'avais établi à Wald, entre Langenfeld et Vurtzen, a été enlevé cette nuit ; on a retrouvé ce matin trois chevaux, deux sabres, une carabine, quatre selles et quatre porte-manteaux ; d'après tous les renseignements que j'ai pu prendre, il parrait que les paysans, habitans du village de Mittelberg, ont arrêté ces dragons : Mittelberg est un village d'onze maisons qui sont placées à une demi lieue de Wald à gauche sur la montagne en allant de Kronan à Wald : j'ai envoyé arrêter les habitans de Mittelberg, et il faudrait faire bruler ce village, afin qu'il serve d'exemple, l'esprit des habitans de ces montagnes est entièrement favorable aux Autrichiens.

J'ai l'honneur, mon général, etc.

Le gl bon CAMPY.

Au gl cte Grenier, à Arnolstein.

Mon Général,

J'ai oublié de vous marquer dans ma lettre de ce matin, que jugeant qu'il était peut-être dangereux de diriger l'artillerie qui devait momentanément quitter ma division par la route de Postuma à Castel-Franco, je l'avais dirigée, afin qu'elle fût plus couverte, par Trévise, où elle a dû coucher cette nuit. Je ne pense donc pas que votre officier l'aura trouvée sur la route de Castelfranco. Si vous avez des ordres à lui donner, il serait nécessaire de les lui envoyer par Trévise, car elle a dû se diriger ce matin de Trévise sur Castelfranco.

Agréez, je vous prie, mon général, etc.

Le gal de don,
Bon GRATIEN.

Biadene, le 25 octobre 1813, à 8 heures 3/4 du matin.
S. E. Mgr le lt gl cte Grenier, commandant en chef le 2e corps de l'armée d'Italie.

Monsieur le Lieutenant général comte Grenier. J'ai reçu vos lettres d'aujourd'hui 4 heures du matin, et la dernière des avant-poste près Boffano. Je vois avec peine que vous considérez les affaires comme beaucoup plus désespérées qu'elles ne sont. Je vous engage à faire usage de tous vos moyens pour agir vigoureusement sur l'ennemi ; et vous pouvez faire opérer la D^{on} Gratien, ou du moins en grande partie, puisque si j'en dois croire les renseignements pris ce matin à Seravolle et à Santa-Croce, l'ennemi n'aurait que très peu de monde à Bellune. Il paraît que l'ennemi s'est retranché à Boffano. Les obus vous en feront, j'espère, raison. Plus vous le laisserez là s'établir, et plus il vous donnera de peine, et plus il inquiétera le flanc droit des troupes de Gifflengue. Ne craignez point d'agir avec vigueur sur l'ennemi. Il n'est pas possible qu'il ait entre Trente et Boffano plus de 12.000 hommes. Demain 28, je tiendrai la ligne de la Livenza et ma tête arrivera à Corregliano. Je puis avoir après demain matin, à la pointe du jour, 8 bat^{ons} et 20 pièces d'artillerie sur la Piave, si cela est nécessaire. Mais je préférerais rester un jour de plus sur la Livenza ; car plutôt j'arrive sur la Piave et moins je vous laisse de facilité pour agir sur l'ennemi. Ayez de la confiance dans vous-même et dans vos troupes. Réunissez à la Div^{on} Rayer, la B^{ade} Palombini et une bonne B^{ade} de Gratien ; et avec cela je ne doute pas que vous ne réussissiez en attaquant l'ennemi. Si vous pouvez parvenir à le repousser dans la vallée de la Brento, et que vous en donniez promptement avis à Gittelingue, voyez quel heureux résultat vous devez vous en promettre ! Cela peut remettre les affaires de la campagne, et vous ferait le plus grand honneur.

J'attends et j'espère de vous de bonnes nouvelles. Sur ce, Je prie Dieu, Monsieur le Lieutenant général comte Grenier, qu'il vous ait en sa Sainte Garde.

Sacile, le 27 8bre 1813.

EUGÈNE NAPOLÉON

Vérone, le 20 Novembre 1813.

Mon Général,

J'ai l'honneur de vous prévenir que l'intention de Son Altesse Impériale le prince Vice-Roi est que tous les hommes malingres des régiments de la première lieutenance qui ne sont pas dans le cas d'entrer à l'hôpital, mais qui ont besoin de repos, soient envoyés de suite au Vieux Chateau où ils prendront quelques jours de repos ; ils seront là sous les ordres de M. le chef de bataillon La Salinière qui commande la garnison du Vieux Chateau. Son Altesse Impériale me charge d'avoir l'honneur de vous prier de donner des ordres à ce sujet.

Agréez, mon Général, etc...

L'adjudant commandant sous chef d'état major général
DE MARZY.

M. le Lieutenant Général Comte Grenier.

Sur les hauteurs de Léonardo, le 21 9bre 1813.

Mon Général,

Depuis ce matin je suis sur les hauteurs de Léonardo à observer le mouvement que vient de faire l'ennemi. Il paraît que cette nuit huit à neuf cens hommes se sont portés sur Grazzana, et dans ce moment, je les vois filer sur les revers des montagnes en face de

S' Leonardo, passant par la chapelle de S'' Marie delle Stelle, et gagnant le Val di Squaranto, se dirigeant sur Montorio, où il paraît retourner. Ce mouvement n'est donc qu'une simple reconnaissance. D'un autre côté, je vois filer sur la route en arrière de Grazzana dans la gorge quelque troupe qui me paraissent être les postes qui occupent un château à un mille et demi, deux milles en arrière de Grazzana, et qui fournissent quelques postes d'observation sur les montagnes en face des hauteurs de S' Leonardo. Du reste on n'apperçoit aucun mouvement dans la vallée du Pantena, ni dans les montagnes. Je me rends au fort S' Félix, et de là à la porte de Vienne.

Agréez, je vous prie, mon Général, etc...

Le Général de division Baron de l'Empire,

QUESNEL.

Mon Général,

J'ai l'honneur de vous adresser, ci-joint, la lettre que je reçois à l'instant de M. le Général de Couchy.

Je désire qu'on puisse envoyer à la Compagnie de sapeurs attachée à ma Division, le Détachement qu'elle a à Vérone, et qui serait très nécessaire ici pour les travaux à faire sur les digues, la construction de différentes Batteries dont j'ai déterminé l'emplacement, et au besoin, la destruction de plusieurs ponts sur différents canaux.

Les Paysans s'entretenant entre eux, en présence de nos domestiques, disent que sous peu il y aura du nouveau; leur opinion en cela se fonde sur ce que l'ennemi, disent-ils, a reçu des renforts qu'ils portent jusqu'à 30.000 hommes et qu'il a des moyens de passage préparés.

J'ai l'honneur, etc...

Le Général de Division,

Bon DE MARCOGNET.

Isola Porcarizza, le 1er xbre 1813, 10 heures précises du soir.

A M. le Lieutenant Général Comte Grenier.

ARMÉE D'ITALIE
4ème Division

Rapport du 10 ou 11 janvier 1814.

Rien de nouveau aux avant-postes.

Ainsi que j'en ai prévenu par mon rapport d'hier, deux compagnies du 132' sont parties ce matin pour aller prendre poste à Casaleone et à Aselogna, d'où elles couvriront Cerca et surveilleront les mouvements des brigands réfugiés dans les vallées. Demain j'enverrai l'état des Conseils de guerre permanens de la Division.

Le Général Commandant la Division,

Bon DE MARCOGNET.

Vérone, le 11 janvier 1814.

Mon Général,

J'ai l'honneur de vous informer que d'après les intentions de S. A. I. le Prince Vice-Roi, M. l'adjudant commandant Ramel qui a déclaré à Son Altesse éprouver les plus grandes difficultés pour monter à cheval et conséquemment pour remplir les fonctions de chef d'Etat-Major de la Division de M. le général Marcognet, vient de recevoir l'ordre de se rendre à Legnago, pour remplacer dans le commandement supérieur de cette place M. le général Montfalcon qui doit recevoir pour destination le commandement d'une brigade dans la 3ème Division.

M. l'adjudant commandant Ramel est prévenu qu'il doit vous rendre compte de tout ce qui aura rapport au service de la place de Legnago et postes qui en dépendent.

Je vous renouvelle, mon Général, l'hommage de ma haute considération et de mon entier dévouement.

Le Général de Division chef de l'Etat major général, Cte de l'Empire,
VIGNOLLE.

A M. le Lieutenant Général Comte Grenier.

Excellence,

En réponse à la lettre que vous m'avez fait l'honneur de m'écrire en date du 20 janvier, par laquelle vous avez la bonté de me prévenir que deux bataillons de ma division doivent se porter le 25 à Ostiglia, pour relever le jour suivant les troupes chargées de défendre les postes de Bergantino et d'Azella, je m'empresse de vous informer que les deux bataillons que j'ai destinés sont le second et le 3ème du 1er rég. léger sous les ordres de M. le général de brigade Villata. J'irai moi-même reconnaître leur emplacement et je me porterai de tems en tems sur les lieux pour m'assurer que le service se passe avec régularité.

Je prie Votre Excellence d'agréer, etc...

Le Général de Division Baron de l'Empire,
ZUCCHI.

Mantoue, le 21 janvier 1814.

P.-S. J'ai reçu la lettre de V. E. aujourd'huy à 8 heures du matin.

A S. E. Monsieur le Comte Grenier, Ct la 1re Lieutenance de l'armée d'Italie.

Monsieur le Lieutenant Général Comte Grenier, j'ai reçu votre lettre d'aujourd'huy : voici quelques observations que j'ai à faire sur ce qu'elle contient. 1° c'est sans doute du 1er léger que vous avez voulu parler et non du 3ème léger, puisque ce dernier régiment fait partie de la division Palumbini. 2° Lorsque vous ferez relever le bataillon du 6ème, il faudra le faire remplacer par un autre bataillon français ; mon intention étant, ainsi que j'en suis déjà convenu avec vous, que les troupes italiennes ne se trouvent point, sans avoir des françaises avec elles, en contact avec les troupes napolitaines. 3° Si l'ennemi ne peut pas avoir d'artillerie pour battre la position de Castagnaro, on peut en retirer l'artillerie qui s'y trouve, mais dans le cas contraire, il faut y laisser une demi batterie et l'autre demi batterie pour être conduite à St Bartolomeo.

Sur ce, Monsieur le Lieutenant Général Comte Grenier, je prie Dieu qu'il vous ait en sa sainte Garde. Vérone le 22 janvier 1814.

EUGÈNE NAPOLÉON.

P. S. Dans tous les cas il faut laisser à Castagnaro l'artillerie régimentaire du 106e.

Ostiglia, le 23 Janvier 1814.

A Monsieur le Général de Division Marcognet, commandant la 4e de l'armée.

Mon Général,

D'après les nouvelles que j'avais sur l'approche de l'ennemi par la digue du Pô, j'ai envoyé hier une reconnaissance de cavalerie sur Calto, où elle a rencontré quarante hussards, à shakos rouges; il lui a été dit, par voie sûre, qu'il y avait à Ficarolo 1100 d'inf^{rie} et 400 de cavalerie, annonçant qu'ils viennent attaquer la position de Bergantino. Nous sommes là pour les recevoir.

Le Colonel m'ayant demandé quelque renfort à Bergantino pour garder le village, tandis qu'il portera le B^{on} du 42e dans les ouvrages, je lui ai envoyé deux compagnies du 6e Rég^t, les quatre autres sont restées à Mellara avec ordre de se porter de suite à Bergantino, si le colonel Merdier en avait besoin. Le Bataillon du 131e restera à Ostiglia comme Réserve.

Les chemins sont si mauvais que je n'ose avancer de l'artillerie jusqu'à Bergantino, cependant elle ferait un bon effet sur ce point. Je ferai en sorte d'y porter une pièce bien attelée, si nous sommes attaqués.

Des nouvelles certaines que j'ai eu hier de Ferrare m'annoncent que les Napolitains sont toujours en négociations avec les Autrichiens et qu'en attendant ils sont convenus de ne pas s'attaquer. Des officiers autrichiens sont venus dîner chez le général napolitain Filangieri qui commande à Ferrare. Il a renvoyé le commandant italien du dép^t l'adj^t commandant Mazzuchelli.

Le Bataillon de Gendarmes et le détachement de cinquante chevaux du 19e de chasseurs ont eu de la peine de pouvoir partir de Ferrare pour rejoindre notre armée. M. le général Filangieri voulait les retenir à toute force. Les gendarmes se dirigent sur Modène et les chasseurs arriveront demain à Ostiglia, pour se rendre ensuite à Mantoue.

C'est le général italien Villata qui doit venir me remplacer dans ma position.

J'ai communiqué aux chefs des B^{ons} des 6e et 131e Rég^{ts} les ordres du jour que vous m'avez adressé.

J'ai l'honneur, mon Général, etc...

Le G^{al} de B^{de}
Rambourp.

Legnago, le 23 Janvier 1814.

Monsieur le Comte,

Comme j'ai eu l'honneur d'en rendre compte à V. Exc. par ma lettre d'hier, les travaux de l'ennemi du côté de la porte de Padoue ne tendent à rien; ils n'ont pas pris d'accroissement, On ne voit pas que l'ennemi y tienne de poste.

J'ai l'honneur d'être avec le plus profond respect,
Monsieur le Comte,
de votre Excellence le très humble et très dévoué serviteur:

Le Commandant supérieur de la place de Legnago:

Ramel.

P. S. Une douzaine de soldats ennemis s'étant avancés aux postes vers la porte de Padoue, j'ai fait tirer sur eux trois coups de canon qui les ont contraints de se retirer et à abandonner les travaux qu'ils avaient commencés pendant la nuit. Vous pouvez être bien persuadé que je ne permettrai jamais à l'ennemi, de faire impunément des ouvrages autour de la place que je commande. Au reste, ces ouvrages commencés me paraissent n'avoir eu d'autre but en premier lieu, que de rapprocher les sentinelles de la place et de les mettre à couvert. Aussi, rien de nouveau dans ce moment.

Cartes du théâtre des opérations et des lieux cités.

Castagnarole, 23 J^{er} 1814.

Monsieur le Général,

Des patrouilles se sont rencontrées ce matin avec celles de l'ennemi. Il s'est tiré quelques coups de fusil qui n'ont blessé personne.

Dans la fusillade qui s'est engagée hier dans l'après-midi deux hommes ont été blessés : un homme du 101ᵉ a eu le talon emporté d'un coup de boulet, un autre du 106ᵉ a eu une balle dans la poitrine.

A l'instant l'ennemi vient de tirer trois coups de canon sur les caissons des vivres qui retournent à Villa Bartolomea.

Vous trouverez cy joints les états d'armement demandés par l'ordre du jour que vous m'avez adressé hier.

J'ai l'honneur de vous saluer, Monsieur le Général, avec ma haute considération.

Le Général :

DELOUCHY

Monsieur le Lieutenant Général Comte Grenier, j'ai reçu cette nuit vos deux lettres d'hier soir. J'espère que vous aurez écrit au g^{al} Rambourgh de placer au moins une des deux pièces en première ligne. Puisque, de son aveu, les chemins sont si mauvais, il est peu probable que l'ennemi en amènera; et même dans cette hypothèse la première placée a toujours l'avantage. Je vois avec peine qu'en général vos officiers demandent tous de l'artillerie, et ne l'emploient pas assez pour faire du mal à l'ennemi.

Le Détachement de Cavalerie et le Bataillon de Gendarmes que les Napolitains avaient gardés ont été relâchés. Il paraît que, dans cette armée, chacun fait assez sa volonté, et agit selon son opinion. Au fait, le 14 de ce mois, le Roi ne s'était point encore déclaré.

Il ne peut avoir, pour le moment, aucune intention d'hostilité envers nous; et vous en jugerez par la position de ses troupes. La 1ère D^{on} et sa garde occupent Bologne, Modène, Reggio et Ferrare; leurs cantonnements s'étendent jusqu'à Sassuolo. La 2ᵉ D^{on} occupe Ancône, Sinigaglia et Rimini. La 3ᵉ D^{on} est encore à Rome. Certes, il leur faudrait au moins 7 à 8 jours pour venir se mettre en bataille devant moi. Ce qu'il faut empêcher, c'est qu'il n'y ait aucune espèce de contact entre nos troupes et les leurs. Il faut défendre expressément aux Postes sur le Pô d'avoir aucun pourparler avec les troupes qui ne sont point de notre armée; dans le cas où quelque officier chercherait à pénétrer sous quelque prétexte, il faut le faire conduire au quartier général, sous escorte, ainsi qu'ils l'ont fait à plusieurs de nos officiers.

J'attends Gifflengue de retour d'un moment à l'autre, et j'en saurai davantage à ce sujet. En attendant, Gratien a dû arriver hier à Plaisance, en même tems que sa Division et son artillerie. Cette Place sera mise à l'abri d'un coup de main, pour couvrir le pont qu'on va y établir. La tête du pont de Borgoforte avance, sans être pourtant encore achevée. Le Gal St Laurent s'y est rendu, pour la faire armer le plutôt possible. La garnison de Mantoue y a fourni un poste de cent hommes. Il serait nécessaire que vous ordonnassiez, comme instructions générales, au Gal Zucchi, que si les Napolitains par leur mouvement d'infanterie ou d'artillerie paraissaient menacer ce point, il devait s'y porter avec 2 b^{ons} et son artillerie, pour s'opposer à toute entreprise sur ce point important pour nous. Sur ce, je prie Dieu Monsieur le Lieutenant Général, Comte Grenier, qu'il vous ait en sa Sainte Garde.

Vérone, le 24 Janvier 1814.

EUGÈNE NAPOLÉON.

Monsieur le Lieutenant Général Comte Grenier, j'ai reçu votre lettre de ce matin. Voici de quelle manière je désire que soit placée celle de vos divisions qui doit rester en 1ère ligne : la Brigade Schmitt qui a 5 bataillons aura un b^{on} à Rocco fournissant un poste à Perfacco, un b^{on} à Tomba, occupant Tomba di Mezzo et Tomba di Sotto, un bat^{on} à Roverigiaro (?); un 4e à Roverchiaretta, occupant Angiari et le 5e B^{on} en réserve à Isola Pozcarizza.

L'autre brigade devra avoir un fort bataillon de 800 hommes à Villa Bartolomea et Spenimbecco, mon intention étant que ce point soit tenû jusques à ce que on abandonne définitivement la ligne de l'Adige : les 3 autres b^{ons} de cette brigade seront à St Pietro Dilegnago prêts à se porter sur la Buffato.

Il sera bon que ce mouvement soit exécuté Lundi prochain, celle de vos D^{ons} qui doit être réunie à Sanguinetto et Cerea peuvent recevoir dès Mardi l'ordre de se porter sur Mantoue.

Quant à la place de Legnago, mon intention est d'en retirer l'Adj^t Com^t Ramel qui paraît inquiet sur son affaire, et d'y envoyer un général de B^{de} Italien pour commander. J'ai déjà songé à pourvoir à sa garnison, et demain il arrive ici un b^{on} de la D^{on} Palumbini, pour aller coucher Lundi entre Verone et Legnago et arriver dans cette dernière place Mardi matin de bonne heure. Si vous pensez que ce b^{on} ne suffit pas, donnez des ordres au b^{on} du 3e de ligne qui est à Mantoue de s'y rendre aussi pour le même jour. Mon intention est de ne mettre dans cette place d'autres troupes françaises que le détachement du 137ème qui s'y trouve et les hommes isolés écloppés ou malades que l'on pourrait y jeter au dernier moment.

Voilà donc quelles sont mes intentions à cet égard, mais je compte que vous voudrez encore en causer avec moi, avant que vous n'ayez transporté votre qu^{er} g^l à Cerea. Sur ce, Monsieur le Lieutenant Gal Comte Grenier, je vous renouvelle l'assurance de mes sentiments et je prie Dieu qu'il vous ait en Sa Sainte Garde. Ecrit à Vérone, le 29 Janvier 1814.

EUGÈNE NAPOLÉON.

P. S. Le Général Cte Grenier prendra toutes les mesures pour être averti des mouvements de Ferrare et de Rovigo.

A San Pietro di Legnago, le 31 Janvier 1814.

Monseigneur,

Je reçois à l'instant même un rapport de M. le Chef de Bataillon Roux, commandant à Spinimbecco, qui me rend compte du résultat de l'attaque de ce matin à dix heures ;

L'ennemi l'a attaqué, avec ses tirailleurs, sur toute la ligne, mais il a été acculé dans les bois qui sont devant la position.

Nous avons eu dans cette petite affaire, deux hommes légèrement blessés, mais cependant hors de combat.

M. le chef de bataillon Roux me mande que l'ennemi transporte des matériaux pour établir un pont sur l'Adige, vis à vis de Carpi.

Agréez, je vous prie, mon Général, etc...

Le Général de Brigade,
B^{on} D'ARNAULD.

Nogara, le 1er février 1814.

Mon Général,

L'intention de S. A. I. qui m'est communiquée à l'instant par le Gal Vignolle étant que la Compagnie du 31ème chasseurs à cheval qui est attachée à votre Lieutenance, soit relevée par le 1er de hussards, j'ai l'honneur de vous prévenir que je donne ordre au Gal Pereymont de faire partir demain à la pointe du jour soixante hommes que je vous prie de

faire mettre à la disposition du Gal Rouyer en l'invitant à faire revenir la comp^{ie} du 31ème ch^{rs} et la faire diriger sur Cadidavid où se trouve le Gal Bonnemain et où cette Comp^{ie} devra arriver demain dans l'après-midi.

J'ai l'honneur, etc...

Le Général,

Aug. Mermet.

P. S. — Les 60 chevaux qui seront envoyés demain au Gal Rouyer et les 40 qui se trouvent à la disposition du Gal Arnauld pourront faire l'arrière garde de la division.

MINISTÈRE
DE LA GUERRE

Cabinet du
Ministre.

Paris, 2 février 1814.

Général, j'ai reçu la lettre que vous m'avez fait l'honneur de m'écrire, à laquelle était joint le mémoire que vous adressez à l'Empereur pour obtenir votre admission dans le corps du Sénat.

Je regrette, Général, que la rapidité avec laquelle les évènements se sont passés depuis cette époque et la multiplicité des affaires du Gouvernement, m'aient empêché jusqu'ici de prendre les ordres de Sa Majesté, sur votre demande ; mais je ne la perds point de vue, et je saisirai avec plaisir la première occasion qui s'offrira d'appeler l'attention de l'Empereur sur vos bons services, que S. M. connait d'ailleurs et sait apprécier.

Je serai très aise de pouvoir faire quelque chose qui vous soit agréable; je vous prie, Général, d'en être persuadé et de recevoir l'assurance de ma considération distinguée :

Le Ministre de la Guerre,

Duc de Feltre.

A M. le Gal Comte Grenier.

Monseigneur,

J'ai l'honneur de vous rendre compte que je suis arrivé à Castiglione della Stiviere aujourd'hui à 3 heures après-midi ; j'y attendrai vos ordres.

J'ai fait loger la troupe dans les Églises et Casernes ; j'ai sept compagnies de service, dont cinq extérieurement et deux dans l'intérieur.

J'ose prier Votre Excellence de ne point désapprouver cette mesure qui a pour but le bien-être du soldat et de ménager le pays.

Demain, à 4 heures du matin, s'il n'y a rien de nouveau d'ici à ce tems, je ferai prendre les armes pour être prêt à tout évènement.

J'ai l'honneur d'être avec le plus profond respect,

Monseigneur,

De votre Excellence

Le Très humble et très

obéissant serviteur.

Le Général de brigade :

Schmit.

Castiglione delle Stiviere, le 17 février 1814, à 4 heures et demie du soir.

Frati le 17 fév. 1814.

Monsieur le Général.

Lorsque j'ai examiné ce matin à la pointe du jour les positions de l'ennemi, les feux m'annonçaient qu'il n'y avait rien de changé dans ses dispositions.

Je viens de parcourir de nouveau la ligne, j'ai remarqué que les postes qui se trouvent sur les hauteurs de Valégio sont singulièrement diminués et qu'il y en a deux qui sont totalement abandonnés, ce sont ceux qui se trouvaient au haut de la rampe qui va de Borghetto à Valégio et celui en avant du mur à gauche de celui-cy à l'extrême droite de l'ennemi où il y a un camp baraqué. Il y a maintenant très peu de monde et je n'estime pas à plus de deux ou trois cents hommes les troupes qui occupent ce camp et cette position à sa gauche. Les postes à la gauche de Valégio sont beaucoup diminués, ceux en avant de Borghetto m'ont paru être toujours les mêmes. Le nombre des bouches à feu placées sur les hauteurs n'est ny augmenté ny diminué, j'en ai compté dix.

J'ai l'honneur, etc...

Le Général :

Delouchy.

Plaisance, le 19 février (une heure après-midi).

Mon cher Général,

Je reçois à l'instant votre lettre du 18 et la copie de l'ordre de mouvement que vous avez reçu, votre dépêche ne pouvait arriver plus à propos. Aujourd'hui matin toutes mes troupes ont achevé de rentrer en ville, l'ennemi s'avance de Parme sur Plaisance, le gros de ses troupes doit être aujourd'hui sur la Mure. Ses hussards ont poussé des reconnaissances dans la direction de la Trebbia ; nous avons ce matin tiré du canon sur la tête de colonne qui s'est présentée à un mille de Plaisance, sur la grande route de Parme ; ils en veulent au Pont et je crois qu'ils feront tous leurs efforts pour s'en emparer, ou le détruire. L'arrivée d'une de vos Brigades me ferait d'autant plus de bien que nos conscrits ne sont pas encore en état d'être employés autre part que sur les remparts.

J'envoye en ce moment ci une reconnaissance de 30 hommes de cavalerie sur la Rive gauche du Pô, et en descendant, parce que je crains que l'ennemi ne soit dans le cas de faire passer quelques hommes sur la Rive gauche. Si vous aviez quelques hommes de cavalerie pour éclairer les rives du Pô et s'y faire voir, cela produirait un bon effet.

On m'avait dit qu'une Batterie de pièces de 12, de Réserve, devait marcher sur Plaisance, je pourrais l'employer très avantageusement.

Je vous renouvelle, mon cher Général, etc.....

Le Général de Division,

Cte Dauthoüard.

A Monsieur le Général de Division Rouyer.

ARMÉE D'ITALIE
1ère Lieutenance

SITUATION DES PRÉSENTS
DE LA BRIGADE DE CAVALERIE DE M. LE GÉNÉRAL RAMBOURG.

| NUMÉROS DES | | PRÉSENTS | | | | CHEVAUX | | | | OBSERVATIONS |
| | | Officiers | | Troupes | | | | de troupes | | |
Régiments	Escadrons	combattants	non combattants	combattants	non combattants	Total en hommes	d'officiers	disponibles	non disponib.	Total	
3e Rég' chasseurs italiens.	ne dit point l'escadron.	23	»	230	»	253	54	230	»	284	
19e »	»	16	2	303	34	355	44	309	»	353	
	Totaux	39	2	533	34	608	98	539	»	637	

Certifié conforme aux États qui m'ont été remis.

L'Adjudant commandant Chef d'État-Major de la 1re Lieutenance,

BAZIN DE FONTENELLE.

ARMÉE D'ITALIE
1ère Lieutenance

SITUATION DES PRÉSENTS
DES CORPS DE CAVALERIE ATTACHÉS A LA DIVISION DE M. LE Gal SEVEROLI.

| NUMÉROS DES | | Officiers | | Troupes | | | CHEVAUX | | | | OBSERVATIONS |
| | | | | | | Total en hommes | | de troupes | | | |
Régiments	Escadrons	combattants	non combattants	combattants	non combattants		d'officiers	disponibles	non disponibles	Total	
	État-Major	12	1	4	»	17	21	2	»	23	
Dragons	1e	9	»	121	»	130	20	121	18	159	
Napoléon	2e	6	»	75	4	85	13	79	5	97	
	3e	6	»	64	2	72	13	66	4	83	
	4e	8	»	123	6	137	18	123	13	154	
1er Régim' chasseurs italiens	»	40	»	325	»	365	83	325	»	408	Ce Rég' ne donne aucun détail
	Totaux. . . .	81	1	712	12	806	168	716	40	924	

Certifié la présente situation conforme aux États qui m'ont été remis.

Plaisance le 24 février 1814.

L'Adjudant commandant Chef d'État-Major de la 1re Lieutenance,

BAZIN DE FONTENELLE.

Monsieur le Lieutenant Général comte Grenier, mon intention étant de conserver la Division Gratien qui prendra le nom de 5ᵉ Dᵒⁿ de l'armée, je compte, à mesure que je lui ôterai des bataillons pour leur faire rejoindre leurs régiments effectifs, lui en rendre de ceux qui ont fait la campagne afin que cette Divᵒⁿ soit à peu près égale aux autres.

Je désire donc que cette opération se commence par la 2ᵐᵉ Divᵒⁿ qui se trouve déjà sur les lieux. En conséquence, vous voudrez bien faire rentrer à la 2ᵉ Division les bᵒⁿˢ du 9ᵉ et du 35ᵉ de ligne qui existent à la Dᵒⁿ Gratien, et rendre à cette Divᵒⁿ le bᵒⁿ du 1ᵉʳ Etranger et le Bᵒⁿ du 3ᵉ léger. Il n'y a rien à changer dans la Bᵃᵈᵉ du gᵃˡ Jeannin, ni dans la 28ᵉ 1/2 Bᵃᵈᵉ provisoire, jusqu'à ce que les nouveaux bᵒⁿˢ de ces mêmes numéros me soient arrivés de Piémont; ils me sont annoncés par le Prince Camille. Vous sentirez combien il est important sous tous les rapports de réunir tous les différents bᵒⁿˢ des régiments sous les ordres de leurs chefs. Si le gᵃˡ Gratien n'était point en état de continuer la guerre active, je vous enverrais le gᵃˡ Mauenne (?). Quant au gᵃˡ Vedel, il va être incessamment employé activement. Sur ce, je prie Dieu, Monsieur le Général, qu'il vous ait en sa Sainte Garde.

Volta, le 24 février 1814.

EUGÈNE NAPOLÉON.

Bois de chauffage.

Mon Général,

J'ai l'honneur de rendre compte à votre Excellence que la distribution du Bois de chauffage augmentée depuis 2 jours aura bientôt absorbé l'Excédent de l'approvisionnement de siège; dans 3 jours cette ressource sera épuisée.

J'ai l'honneur de proposer à Votre Excellence d'ordonner un versement de 1500 stères de bois de chauffage, essence dure, prenant pour base un service de 10 à 12 hommes pour 15 jours.

Daignez agréer, mon général, l'hommage de mon Respect.

Le Commisssaire des Guerres,
GERBOURG (?).

Plaisance, le 24 février 1814.

Monsieur le Lieutenant Général comte Grenier, je vous adresse avec cette lettre deux étuis dont l'un renferme les feuilles de la carte de Dalbe qui contiennent le Piémont, la Savoye et l'Etat de Gêne; vous pouvez le garder. Quant au second qui contient la carte manuscrite du Territoire entre la Trebbia, le Reno et le pied des Appenins, je vous serai obligé de me la rendre après vous en être servi, parce qu'elle fait partie des cartes manuscrites de mon Cabinet Topographique. Sur ce, je prie Dieu, Monsieur le Général Grenier, qu'il vous ait en sa sainte Garde.

Volta, le 25 février 1814.

EUGÈNE NAPOLÉON.

Chyavenna, le 25 février 1814.

Monsieur le Comte,

J'ai l'honneur de rendre compte à Votre Excellence que, conformément à vos ordres, j'ai poussé l'avant garde de la Brigade jusqu'à Caorso sur la route de Monticelli et jusqu'à Chyavenna sur la route de Corte Magiore. J'ai laissé la réserve au village de Romaglia.

Je n'ai rien trouvé sur ma gauche, je n'ai pu joindre les avants postes ennemis qu'à Caorso où nous avons pris une quarantaine d'hommes. Monsieur Villa, s.-Lieutenant au 1ᵉʳ Regᵗ de chasseurs Italiens a chargé avec intrépidité, il mérite ainsi que le Grenadier Penna du même Regᵗ les bontés de Votre Excellence.

Je vais faire partir un paysant pour Crémone pour donner avis de Votre marche à M. le G⁰¹ Fontanne.

L'officier du poste que nous avons pris, dit que l'ennemi a comme force cinq ou six mille hommes.

Je prie Votre Excellence, etc.

Le G⁰¹ de B⁰ᵉ
Sig. illisible.

A Monsieur le lieutenant Général Grenier, Commandant le Corps de Droite de l'Armée d'Italie.

Mon Général,

J'ai reçu la lettre que vous m'avez fait l'honneur de m'écrire en date du 27 ; je vais accélérer de tout mon pouvoir la confection des travaux que vous ordonnez.

D'après de nouveaux renseignements qui me sont parvenus, il paraît que l'ennemi n'a point jetté de pont sur le Pô, ainsi qu'on l'avait dit d'abord ; je pense que les trois bataillons que j'ai envoyé à Crémone pourraient être rappelés aussitôt que vous m'en donnerez l'ordre.

Recevez, mon Général, etc.

Le Général de Division :
Bᵒⁿ GRATIEN

Plaisance, le 28 février 1814.

A son Excellence Monsieur le Lieutenant Général comte Grenier, commandant le Corps de Droite de l'Armée d'Italie.

Mon Général,

J'ai reçu, cette nuit, une lettre de Monsieur le Chef de Votre Etat-Major à laquelle était jointe copie d'une autre lettre écrite à Votre Excellence pour Monsieur le Chef de l'Etat Major Général Comte Vignolles, et dattée de Volta le 28 février dernier ; de cette lettre, il résulte que, sur les 2.525 hommes annoncés partis de Fenestrelle, Mont Cenis et autres points, et dirigés sur Plaisance pour être incorporés dans ma Division, pour porter chaque Bataillon à 700 hommes, S. A. I. désire que, tout ce qui excédera cette force soit versé dans les Bataillons des 1ᵉ et 2ᵉ Lieutenances ; bien entendu que ce versement n'aurait lieu qu'à l'égard des détachements qui appartiendraient aux Lieutenances respectives, et que les détachements à verser seraient choisis parmi les hommes qui, pour l'instruction, sont à la première classe ; que ce seroit donc parmi ceux qui, rendus depuis quelque temps à Plaisance, ont travaillé à leur instruction.

Cette opération, mon Général, est difficile à faire en ce moment, puisque vous avez jugé convenable, d'après vos opérations, de donner une direction à un Bᵒⁿ du 9ᵉ, au 35ᵉ, au 53ᵉ, au 84ᵉ et au 106ᵉ.

Je ne puis choisir, parmi les plus instruits, ceux qui doivent être versés dans les Bataillons de guerre, puisque vous les avez tous à votre disposition.

J'ignore à quelle lieutenance appartiennent les 9ᵉ, 35ᵉ, 53ᵉ, 84ᵉ et 106ᵉ, et dans le cas où je serais à même de pouvoir diriger les hommes que S. A. I. demande, je craindrais de leur donner une fausse direction, ne sachant point de quelle Lieutenance font partie les Corps auxquels ils pourraient appartenir. Je vous prie donc de vouloir bien me marquer ce que je dois faire dans cette circonstance, pour remplir les volontés de S. A. I. et de me faire connaître à quels corps appartiennent les Régiments cy dessus énoncés.

Recevez, Mon Général, etc...

Le Général de Division,
Bᵒⁿ GRATIEN

Plaisance, le 2 mars 1814.

Reggio, le 3 mars 1814.

A son Excellence Monsieur le Lieutenant Géneral Comte Grenier, commandant l'aile droite de l'armée.

Excellence,

Je suis entré à Reggio, soixante-dix hussards de Radiski y étaient en arrière-Garde. Je les ai fait charger par le 1ᵉʳ Regt de chasseurs italien et un peloton du 3ème. Nous avons pris de quinze à vingt hussards avec leurs chevaux, sept ont été tués et une vingtaine blessés. Quatre chasseurs ont été faits prisonniers et deux ou trois blessés.

Nous occupons la ville, quoique l'ennemi soit encore près de nous, j'espère qu'il ne nous arrivera aucun accident, cependant je vous prie de donner les ordres pour que demain de bonne heure il nous arrive du renfort. L'ennemi est en force à Rubiera, tous les Autrichiens s'y sont arrêtés et les Napolitains qui étaient à Modène se sont postés à Rubiera. Ils ont de nombreuses batteries en arrière du pont. Je tiens ces renseignements d'un homme qui arrive à l'instant de Modène. Il est possible que l'ennemi continue cette nuit sa marche sur Modène, rien ne l'annonçait encore au passage de cet individu.

L'esprit de la ville paraît bon. Le podesta se prête volontiers à tout. Je l'ai prié d'envoyer un homme sûr à Rubiera pour s'assurer des mouvements de l'ennemi, aussitôt son retour, je vous ferai un second rapport.

Le roi de Naples est à Bologne.

Les prisonniers napolitains arrivent à l'instant, il est sept heures, je pense qu'il est trop tard pour les rendre ce soir. Demain au jour je les ferai conduire aux avant-postes ennemis, avec la lettre que vous m'avez fait remettre, je la signerai.

Je prie Votre Excellence d'agréer, etc.

Le Gᵃˡ RAMBOURF

P. S. — Un des confidents arrive à l'instant, il rapporte que déjà une partie des troupes qui s'étaient arrêtées à Rubiera est en marche pour Modène. Néanmoins il est à propos d'être en mesure.

A son Excellence Mr le Lt Gᵃˡ Cᵗᵉ GRENIER, à Parme.

———————

Ponte Lenza près St Prospero, le 3 mars 1814.

A son E. Mr le Lt Gᵃˡ Cᵗᵉ Grenier Comt l'aile droite de l'Armée, à Parme.

Excellence,

La ligne de la Lenza a été depuis hier extrêmement tranquille.

Une Reconnaissance postée ce matin sur St Illarion rapporte que l'ennemi n'occupe pas ce village. Je viens de faire partir 23 chevaux par un officier qui a ordre d'aller vers Reggio jusqu'à ce qu'il rencontre l'ennemi. Il est soutenu par une compᵢᵉ d'infᵗᵉ qui s'est postée à St Illarion.

Une compagnie de cavalerie et une compᵢᵉ d'infᵗᵉ sont placées à un mille en remontant Lenza sur les bords du torrent.

Vingt-cinq chevaux sont postés à Malandrino, Mr le Gᵃˡ Schmitd n'y avait pas envoyé de compagnie hier soir. J'attends le rapport pour connaître si elle est arrivée.

Une reconnaissance a été poussée sur Montecchio, elle n'est pas encore rentrée. J'aurai l'honneur de vous instruire de ce qu'elle m'apprendra.

Je prie Votre Excellence d'agréer etc...

Le Gᵃˡ RAMBOURF

———————

Mon Général,

J'ai l'honneur de vous informer que d'après les ordres de S. A. I. le Prince Vice Roi, M. l'adjudant major de place Fouquerolles qui se trouve chargé à Mantoue de dresser les états des prisonniers de guerre, se rend à Plaisance pour dresser d'après les modèle et instructions qui lui ont été donnés, l'état des prisonniers que vous avez faits dans la journée d'hier ; S. A. I. y attache beaucoup d'intérêt ; sans doute que ces prisonniers seront tous rendus demain à Plaisance, même de très bonne heure.

M. Mejean (?) aide de camp de S. A. Impériale arrive à l'instant porteur de votre dépêche pour son Altesse et dont j'ignore encore le contenu.

Recevez, mon général, etc.

Le Gᵃˡ de Dᵒⁿ chef de l'état major Gᵃˡ, Cᵗᵉ de l'Empire :

VIGNOLLE.

Mantoue, le 3 mars 1814.

Sᵗ Prospero, ce 3 mars 1814.

Mon Général,

J'ai l'honneur de vous rendre compte que Son Excellence Mʳ le Lieutenant-Général Comte Grenier, m'a donné l'ordre hier soir d'envoyer le chef de bataillon Bladinière avec cinq compⁱᵉˢ à Sorbolo à l'effet de couper le passage à 5 à 600 ennemis qui doivent traverser ce village venant de Colorno.

Le chef de bataillon me rend compte qu'il est arrivé trop tard, que 500 hommes avaient pris position à Sorbolo sur la rive droite de Lenza et qu'ils en sont partis une demi-heure après se dirigeant sur Reggio.

Il a envoyé un parti sur leurs traces qui a ramassé cinq à six soldats et deux officiers de santé.

Il me dit pourtant qu'après son établissement il s'était présenté un peloton ennemi au Pont et l'ayant trouvé occupé, il s'est enfui ; il espère de découvrir leurs traces ce matin.

D'après les renseignements qu'il a pris sur l'ennemi, la force de ceux revenant de Colorno s'élève de 12 à 1300 hommes à pied et 150 chevaux ; des bagages et deux pièces d'artillerie ont passé par Sorbolo à trois heures de l'après-midi.

Je vous prie de demander des ordres pour ce bataillon à Son Excellence le comte Grenier.

Je vous prie aussi de lui faire connaître que Mʳ le colonel Broussier a donné sa parole d'honneur au Major Autrichien Villemann que s'il se rendait avec sa troupe, lui et ses officiers conserveraient leurs armes et bagages et qu'ils seraient renvoyés en Autriche sur leur parole de ne point servir contre la France pendant la durée de cette guerre.

Je suis persuadé que S. Ex. le Lieutenant Général ne désapprouvera pas ce que le Colonel Broussier a promis et qu'il donnera ses ordres pour l'exécution.

Les troupes que j'avais à Parme ne sont point encore rentrées.

Agréez, mon Général, etc...

Le Gᵃˡ de brigade

SCHMIDT

A M. le Gᵃˡ de Dᵒⁿ Rouyer, Cᵗ la 2ᵉ Dᵒⁿ de l'Armée d'Italie à Parme.

Au Camp en avant de Parme, le 3 mars 1814.

Mon Général,

J'ai l'honneur de vous faire passer ci joint les ordres de mouvement depuis le départ de Plaisance 25 février jusqu'à hier 2 mars. Il y en a quatre. Ci-joint les états des déserteurs pendant la 2ᵉᵐᵉ 15ᵃⁱⁿᵉ de février, plus l'Etat journalier pour les désertions à compter du 1ᵉʳ mars, conformément à l'ordre du jour du 25 février dernier, plus les états en tués, blessés, prisonniers ou égarés depuis notre départ de Plaisance et comprenant la journée du 2 mars. Par ces états, vous verrez que ma brigade a perdu depuis le 25 février 11 sous-officiers et soldats morts, 4 officiers et 86 s.-officiers et soldats blessés et 28 hommes égarés ou en arrière. Total 4 officiers et 125 s.-officiers et soldats.

Ma brigade a toujours à l'avant garde trois compagnies d'élite et dans la journée d'hier elle y avait en outre un bataillon.

Mʳ le Capitaine des Voltigeurs Malcomes du 1ᵉʳ étranger fait le rapport que j'ai l'honneur de vous remettre ci joint, à Monsieur le Commandant d'Erebeck (?). Cette compagnie s'est vraiment distinguée, ainsi que celle du 3ᵉᵐᵉ bᵒⁿ du 35ᵉᵐᵉ. Je recommande à votre bienveillance les officiers et s.-officiers des deux compagnies.

L'artillerie de la brigade commandée par Mr le Capitaine Mennico (?) s'est très bien conduite, ainsi que celle du Capitaine Bonnand qui a toujours eu deux pièces à l'avantgarde et commandées par le lieutenant Barré, très brave officier. Ces deux pièces ont fait beaucoup de mal à l'ennemi. Monsieur Barré n'est pas décoré.

Monsieur l'adjudant commandant Bolly de Ste Agathe vous fera connaître les ordres du jour qui ont varié pendant votre absence de la division.

Je ne vous dis rien de la brigade de Monsieur le Général Schmit qui vous fera sans doute son rapport particulier.

Agréez, je vous prie, mon Général, etc...

Le Général de brigade
Bon d'ARNAULD

R. S. On s'est occupé de l'armement et j'ai fait completter les cartouches à 5o par homme, j'ai encore deux compagnies d'Elite à l'avant-garde, je vous demande de les faire rentrer.

Reggio, le 5 mars 1814

Mon Général,

Je n'ai rien, mon Général, à vous apprendre de nouveau sur l'ennemi si ce n'est que à Scandiano il n'y a plus personne.

Les sentinelles et les vedettes devant nos derniers postes sont toujours allemands.

Il paraît qu'il y a des dispersés encore du côté de la montagne. On vient d'en ramasser six avec deux femmes de ce côté là. Ils disent qu'ils sont déserteurs. Je les fais traduire à Parme.

Les personnes que vous avez fait partir hier ne sont pas encore rentrées. Je n'ai pas reçu non plus de réponse à la lettre que V. Exce a écrit en renvoyant les Napolitains.

L'Offer d'Ordce du Prince est parti.

Agréez, mon Général, etc...

Le Général de Divon
Cte SEVERATI

A Son Ex. Mr le Lt Gal Cte Grenier, à Parme.

Reggio, le 5 mars 1814.

Mon Général,

Il est arrivé un Parlementaire autrichien à 2 heures après-midi apportant la lettre du Duc d'Otrante que j'ai l'honneur de remettre à V. Exce. Comme j'étais moi-même aux avantpostes, j'ai donné de suite les dispositions pour qu'il ne soit pas arrêté à son arrivée. Je m'empresse de vous en prévenir parce que je pense que vous serez charmé de lui parler à son passage. J'ai contresigné votre nom sur l'adresse de la réponse que je lui ai donnée pour faire croire à l'ennemi que vous êtes à Reggio. J'ai prié même Mr le Duc d'Otrante de dire la même chose.

Je prie Votre Excellence d'agréer l'assurance de mon respectueux attachement.

Le Gal de Don
Cte SEVERATI

A Son Ex. Mr le Lt Gal Cte Grenier, Comt. la 1ère Lieutenance de l'Armée d'Italie, à Parme. (L'ordonnance ira au trot ou galop).

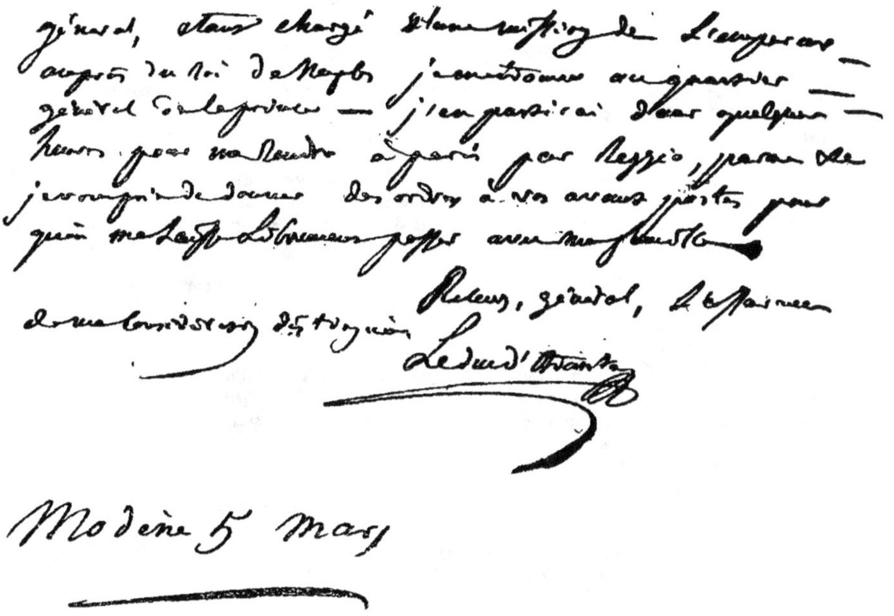

[Handwritten manuscript text]

Modène 5 mars

Général étant chargé d'une mission de l'Empereur auprès du Roi de Naples, je me trouve au quartier général de la .... j'en partirai dans quelques heures pour me rendre à Paris par Reggio, Parme, etc. Je vous prie de donner des ordres à vos avant postes pour qu'on me laisse librement passer avec ma famille.

Recevez, Général, l'assurance de ma considération distinguée :

LE DUC D'OTRANTE

Modène, 5 mars.

Pavie, le 22 avril 1814.

Mon Général,

L'officier porteur de vos ordres n'est arrivé près de moi qu'au moment où la 1ère Brigade avait fait dix milles. La 2ème a rétrogradé de suite et pourra encore entrer de jour à Milan, mais la 1ère arrivera tard et laissera beaucoup de monde en routte. Au reste les nouvelles ici sont que tout est tranquille depuis hier soir à Milan ; un officier de mon Etat-Major nous précède et d'après ce que lui aurait dit le Gal Pino, je prendrai mes dispositions, car s'il y avait encore du bruit, la 2ème Brigade attendrait la 1ère. J'aurai l'honneur de vous rendre compte demain, comme vous le demandez.

Recevez, mon Général, etc.

Le Général de Division,
ROUYER

A M. le Lt Gl Comte Grenier, Commandant en Chef l'Armée d'Italie, à Crémone.

Milan, le 25 avril 1814.

Mon cher Général,

J'apprends à l'instant indirectement, mais sûrement qu'une colonne autrichienne arrive après-demain 27 en cette ville ce qui est une violation manifeste de la convention en vertu de laquelle nous quittons l'Italie, à moins que vous n'ayez fait d'autres arrangements ; la 3e Division ne séjournant pas à Milan, bien que mes troupes ne soient pas mêlées avec celles de l'ennemi, mais celles-cy ne seront-elles pas trop près de moi ? Nos troupes partent de Plaisance le 28 en marchant par la rive gauche du Pô.

Ne sont-elles pas compromises ? Je vous soumets ces questions. Et j'ajoute que c'est trop d'humiliation à la fois ! Réunissons nous, mon cher Général, faisons-nous respecter, c'est le seul moyen d'en imposer ou tout au moins de prouver à l'Europe qu'il est encore des français qui sont dignes de ce nom.

Je suis prêt à tout et je vous embrasse :

Le Gal VERDIER

Mon Général,

D'après le rapport de l'officier détaché au faubourg de Pavie, j'ai l'honneur de vous informer qu'il est arrivé hier dans cette ville un bataillon de troupes italiennes. On y attend aujourd'huy cent soixante hommes de troupes françaises, qui, dit-on, sont les dernières qui doivent y passer. On dit aussi que les Autrichiens y entreront mardi prochain.

Veuillez agréer, mon Général, l'assurance de mon respectueux dévoucment.

Votre très humble et très obéissant serv^r.

J. du VERGER,

Major du 31e regt de chrs à cheval.

Grupello, le 30 avril 1814, 10 heures du matin.

A Monsieur le Général Bonnemain, à Mortara.

La lettre suivante est sans date, mais se place en 1813. Ne pouvant en fixer exactement la date, nous l'avons reportée à la fin de notre étude.

Mon cher Général,

J'attendais une réponse du Vice Roi ; un courrier arrive au moment où j'étais dans ma voiture. J'appelle, on me remet la dépêche et je l'ouvre pour savoir mes ordres ; mais il n'y a rien pour moi, tout est pour vous. Je vous l'expédie bien vite.

Si nous avions eu 2 bat^{ons} on attaquait l'ennemi, mais on était trop dispersé.

Vous avez donné l'ordre au bat^{on} du 7e de vous rejoindre demain après avoir été relevé par les garnisons d'Osoppo. Je le lui ai confirmé et le chef de bat^{on} Feroggio tient sa mine prête, à moins que vous ne disiez non. Il est malheureux que la brigade Schmitt ne soit pas restée à Vezon. Quant à moi je ne veux pas une réponse à la bayonnette et je m'en vais.

Je vous renouvelle, mon cher Général, l'assurance de tous mes sentiments d'amitié et haute considération.

Le Gal Cte DAUTHOÜARD.

Au Lt Général Comte Grenier à St Daniel.

Dr H. VOISIN

Un Officier prisonnier de guerre mis aux fers.

L'officier de Bissy dont il est parlé dans les documents que nous reproduisons plus loin, est originaire de Savoie.

Il était fils d'Aynard-Joseph de Regnauld de Châlon, seigneur de Bissy, lequel avait été officier, et de Anne de Montfort, Autrichienne d'origine.

Il était le septième enfant d'une nombreuse famille composée de seize enfants, dont dix garçons, six filles.

Voici la liste des fils :

L'aîné, François-Marie, né en 1739, officier, fût arrêté en 1793, relaxé en 1794, major en retraite des Dragons-Piémont en 1809 ; il mourut en 1810. Il portait le titre de marquis.

Le second, Nicolas-Martin, né en 1744, fit sa carrière militaire dans les troupes wurtembourgeoises, il fut retraité comme capitaine et mourut en 1823.

Les trois suivants moururent jeunes.

Le sixième, André, d'abord comte, puis marquis à la mort de son frère aîné, naquit en 1755. Il fit sa carrière militaire en Saxe, et mourut en 1826.

Le septième, Jean-Marie, est celui qui nous intéresse : né en 1758, il meurt en 1801.

Le huitième fils était Frédéric, comte de Bissy, évêque de Breslau.

Les neuvième et dixième garçons moururent jeunes.

Les membres de cette nombreuse famille ne laissèrent pas de descendants mâles et le représentant actuel est un cousin issu de germain, marquis de Bissy ; il habite aux alentours de Chambéry.

Voici les renseignements qu'il a bien voulu nous donner sur ce Jean-Marie de Bissy qui nous occupe.

Jean-Marie est né à Chaloz près Bissy (Savoie), le 13 février 1758. Il s'engagea à 18 ans aux gardes du corps et en 1779 il fût nommé sous-lieutenant au régiment de Piémont. Lieutenant en 1784, capitaine en second en 1791, capitaine en premier en 1794, il suivit son régiment en garnison à Turin, Pignerol, Fénestrelle, Alexandrie, Turin, Rivoli, Nice et Coni.

Le 24 février et le 17 août 1798, il est à Suse. Comme au 10 décembre de cette année, Charles-Emmanuel se retire en Sardaigne, il passe au service de l'Autriche, puisque à partir de ce moment, il est appelé dans les correspondances capitaine autrichien. Nous n'avons pu savoir comment s'était effectué ce passage.

Le 5 septembre 1799, nous le trouvons à Chambéry comme prisonnier de guerre, en même temps qu'un prisonnier niçard *(sic)*, un officier autrichien et 116 soldats; tous furent écroués à la prison militaire de la ville.

Le 6 septembre, il est transféré seul à Grenoble, escorté par 6 chasseurs à cheval, comme « prisonnier de guerre du roi de Sardaigne » et écroué.

C'est au sujet de ce transfert que nous publions les lettres suivantes :

ARMÉE   LIBERTÉ   ÉGALITÉ
DES ALPES
                    Au quartier général à Suze, le 4e jour complémentaire
                                        an 7 de la République Française.

DUHESME, général de Division
    au général GRENIER.

Je vous envoye, mon cher général, la copie d'une lettre que je reçois du Général de Brigade Massi qui vous mettra au fait de la position de ma Brigade de gauche, dans la vallée d'Aoust. Vous y verrez cependant qu'à Aoust la jonction avec les troupes du Valais avait été faite par le renfort que le général Thureau y a fait descendre du grand St-Bernard. Nos espérances sur Bard étaient prématurées ; j'ai envoyé un officier au gal Valette pour qu'il me rapporte les plus grands détails et je lui ai communiqué vos intentions.

Par les lettres que je reçois du général Lescuire, l'Ennemi a porté son camp d'Orbassano à Marjathie (?), tandis qu'il s'est porté sur Savignano et ensuite a pris la position de Ceriballo, grande partie de ces troupes paraissait venir de Bra et de Churasco.

Je vois par la lettre que votre chef d'État-Major a écrite au général Lescuire que le général Compan a pris position entre Burcad et Vignolo, il semble même que Salus est de nouveau occupé par l'ennemi qui cependant, à mon avis, n'y jettera que des flanqueurs et dont le but me semble très prononcé pour Coni.

J'ai renforcé le général Lescuire de la 88ème moins deux compagnies, ce qui fait 4 à 500 hommes. Lorsque le 21e de cavalerie sera arrivé, je le lui enverrai presque tout. Il me semble que ce général, en se rapprochant de la Division du général Compan et se plaçant, soit à Castillione, soit à Salus, pourrait y jouer le rôle de flanqueur et serait plus utile qu'à Pignerolle que l'on sera à la vérité obligé d'abandonner. Un camp formé à la Perouze suffira et fera parallèle à notre position dans la vallée de Suze. Dans cette hypothèse, Lescuire rejoindrait donc la droite avec sa 17e 1/2 Brigade entière et tout son escadron moins 50 à 60 hussards, car j'imagine que vous recevrez une bataille sur votre droite, si vous voulez empêcher que Coni soit cerné et assiégé. Je n'ordonne cependant pas ce mouvement là. Les dispositions que votre chef d'état major vous a fait passer seront exécutées en attendant.

Les paysans sont très remuants de notre côté. Mais je pense que les Autrichiens ne nous y attaqueront pas, puisque c'est par notre côté qu'ils font passer nos prisonniers de guerre, notamment le commandant de Tortonne, 31 officiers, autant de domestiques et environ 38 soldats français.

Voici la copie d'une lettre : M. le Lieutenant général Keim se plaint que M. de Bissi, natif de Savoye, capitaine au service de Sa Majesté le Roy de Sardaigne, a été conduit enchaîné à Grenoble pour y être traduit devant un Tribunal militaire. Veuillez me mettre à même de répondre là dessus et prendre des informations du général Muller, qui a fait filer lui-même tous les prisonniers.

J'attends de vos nouvelles avec bien de l'empressement.

Salut et amitié,

DUHESME.

P. S. Le Gal Autrichien m'a fait proposer un échange de prisonniers, que j'ai refusé, parce que les siens connaissent trop bien notre position, je lui ai donné pour motif qu'ils étaient déjà en France. Je vous envoie copie de la lettre du g^{al} autrichien et ma réponse au sujet du cap^e piémontais.

———

A M^r le Général
C^t les troupes
françaises
à Avigliane
Turin, le 19 7bre 1799.   Monsieur le Général,

J'apprends avec étonnement que M. de Bussi natif de la Savoye et cap^e au service de Sa Majesté le Roi de Sardaigne fait prisonnier par vos troupes à l'affaire de Suze, a été conduit enchaîné à Grenoble, pour y être traduit devant un Tribunal Militaire. Je vous prie de me donner sans délai des détails positifs sur le sort de cet officier servant dans nos armées combinées, faute desquels je vous préviens que je fais mettre aux fers un capitaine français pris dans l'affaire de Rivoli et que je le fais jetter dans un cachot, où sa personne me répondra de celle de l'officier piémontais ci dessus nommé. Je crois, Monsieur le général, qu'après les procédés loyaux et gracieux que nous avons eu souvent occasion de témoigner à nos prisonniers durant cette campagne, sinon le gouvernement, mais au moins les militaires français devraient se piquer d'une conduite plus franche.

N'oubliez pas la manière dont nous avons traité les soldats piémontais du temps que forcément vous les amalgamiez dans vos armées. Nous avons même usé de douceur envers les troupes cisalpines, quoique d'une nation rebelle à notre souverain. Imitez l'exemple d'une armée qui ne pensant qu'à la vraie occupation d'un soldat qui est celle de se battre, regarde comme au dessous d'elle toute vengeance particulière contre des individus que le sort de la guerre a fait tomber en ses mains. Cherchons à diminuer les horreurs de la guerre au lieu de les augmenter ; et croyez que ce sera le vrai moyen de mériter l'estime que nous avons eu de tout temps, même pour nos ennemis, quand ils ne s'écartaient point des lois que prescrit une guerre franche et loyale. Le Lieut^t G^l Command^t les troupes de S. M. l'Emp. et Roi.

KEIM.

———

Suse, le 4º Compᵉ an 7º.

(Style vulgaire 20 sept. 1799).

Le Général de Divᵒⁿ Duhesme à M. le Gᵃˡ Comᵗ les troupes impériales.

Je puis vous assurer, M. le Gᵃˡ, que nul ordre n'a été donné à l'égard de M. de Bissi et que nous ignorons absolument le fait.

Je dois vous avouer que l'action infame d'un lieut. du Régᵗ de Brême piémontais qui s'est évadé contre sa parole d'honneur, au moyen de quoi on lui laissait pleine liberté, fait que l'on resserre de plus près les prisonniers de cette nation, mais ayant lieu de plus estimer la loyauté de MM. les officiers autrichiens, ils sont traités avec les égards accoutumés depuis le commencement de cette guerre, ils jouissent même en France d'une honnête liberté.

J'ai demandé et j'attends avec impatience les détails positifs de cette affaire que vous réclamez.

J'espère donc qu'aucun mauvais traitement ne sera fait au capᵉ français, parce qu'autrement la chose pourrait dégénérer en représaille générale.

Signé : DUHESME.

Il nous a été impossible de retrouver, tant à Grenoble que dans les papiers de famille, trace de la suite donnée à cette affaire et si la mise aux fers est exacte.

Quoi qu'il en soit, cet officier aurait été condamné le 20 septembre et dirigé sur Montpellier, puis interné le 24 octobre à Cette. Il rentre le 6 février 1800 à Montpellier.

Le 9 mai il part avec 33 autres officiers pour être échangé à Nice ; tous sont retenus le 2 juin à Brignoles et emprisonnés à nouveau. Enfin, le 4 août, ils repartent pour Grenoble, puis gagnent Milan où ils sont échangés.

Le 15 août 1801 il meurt à Turin, dans les bras de son frère Nicolas-Martin, d'une fièvre qu'il avait contractée en prison, à l'âge de 43 ans, avec 24 ans et demi de services, dont 6 campagnes.

Dʳ HENRI VOISIN.

www.ingramcontent.com/pod-product-compliance
Lightning Source LLC
Chambersburg PA
CBHW060808280326
41934CB00010B/2610